AF243198

NOTICE BIOGRAPHIQUE

SUR

F. M. DE MONTROL

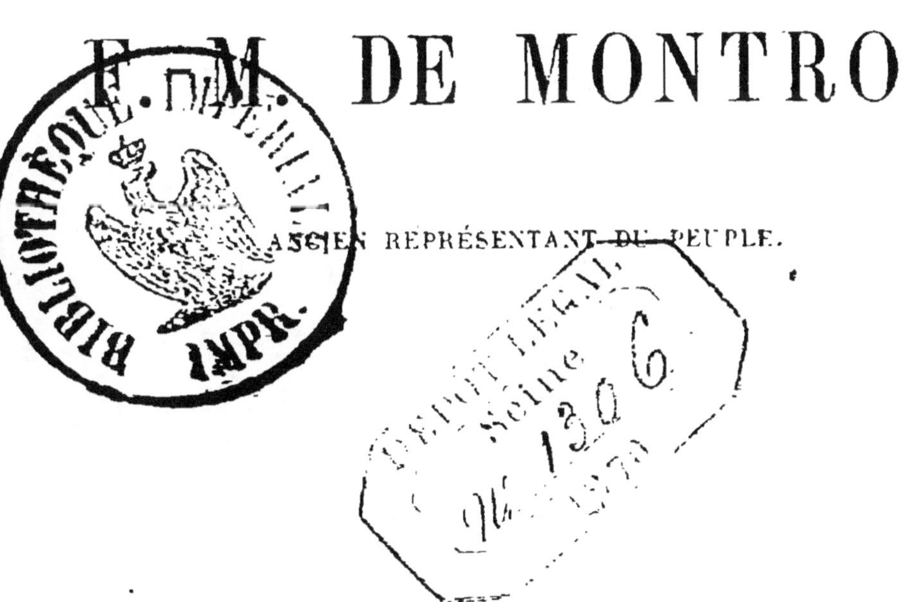

ANCIEN REPRÉSENTANT DU PEUPLE.

1870

M. François Mongin de Montrol est né à Langres en 1798. Il fut élevé à Bourbonne par son aïeul, petit-neveu d'Edme Mongin que ses Sermons avaient conduit à l'Académie française, qui fut évêque de Bazas et gouverneur du duc de Bourgogne. M. Mongin de Montrol avait passé sa jeunesse au milieu des hommes les plus distingués du dix-huitième siècle ; il était lié avec son compatriote Diderot et avec Buffon, il avait connu Voltaire et Jean-Jacques, et l'esprit philosophique puisé à leur école lui fit accueillir avec transport la

Révolution française. Maire de Bourbonne et président de la société populaire en 1790, il y mourut du typhus en 1814, victime du dévouement avec lequel il persista jusqu'à son dernier jour à visiter les hospices alors encombrés par les suites de l'invasion (1). Il imitait en cela son beau-père, le docteur Juvet. A l'époque d'une épidémie qui décimait la population chaumontaise, ce dernier se dévoua au salut de ses compatriotes avec un héroïsme qui éleva leur reconnaissance à la hauteur de leur admiration (1).

Le jeune de Montrol acheva à Dijon les

____

(1) *Biographie des hommes du jour*, par M. Germain Sarrut.

(1) La ville de Chaumont décerna une médaille au docteur Juvet et lui fit bâtir une maison.

études qu'il avait commencées sous les yeux de son grand-père. Sur les bancs du lycée il écrivit le petit roman d'*Elvire*, imprimé en 1815, remanié en 1829. A peine âgé de 14 ans il avait envoyé à Delille une traduction en vers d'un chant d'Armide au sujet de laquelle le célèbre poète lui adressa une des dernières lettres qu'il ait dictées.

M. de Montrol se destinait à la carrière des armes, les évènements en décidèrent autrement.

C'était en 1815, Napoléon revenait de l'île d'Elbe; on organisait les gardes nationales de la Haute-Marne; elles vinrent former la garnison de Langres, ville forte improvisée pour défendre la route de Bâle à Paris. Le père de M. de Montrol, capi-

taine au régiment de Bourbon, était resté
fidèle aux drapeaux français, et, tout jeune
encore, il était devenu l'un des officiers
supérieurs des états-majors des armées
républicaines de Beurnonville et de Ber-
nadotte. Retiré à vingt-cinq ans du ser-
vice, il fut plus tard nommé inspecteur
des forêts dans la Haute-Marne. A ce titre,
le général Chabert, commandant le département, lui avait donné l'ordre de réunir
en corps francs les gardes forestiers de
l'arrondissement de Langres. Le jeune
Montrol voulut rejoindre cette compagnie;
il la trouva sans chefs et presqu'entièrement disséminée. Cependant ceux des gardes qu'il rencontra, renforcés par quelques paysans armés, s'enfoncèrent avec
lui dans les bois. Deux de ces paysans,

surpris par les alliés, se virent condamnés à mort : on les accusait d'avoir pillé un convoi wurtembergeois. Personne, dans cette ville occupée par l'ennemi, n'osa demander leur grâce, si ce n'est un vénérable ecclésiastique, l'abbé Varney, dont la voix ne fut point écoutée. On fusilla les deux jeunes gens sous les murs de la ville. Cette exécution devait faire prévoir le sort de ceux qui avaient fait plus que de piller des convois. Paris avait ouvert depuis long-temps ses portes, toute espérance de continuer la guerre était perdue. Les quelques partisans restés sous les armes ne songèrent qu'à rentrer secrètement dans leurs foyers, mettant autant de soin à garder le silence sur leur campagne qu'en d'autres temps ils auraient été pressés de s'en glorifier.

Cependant, le père de M. de Montrol avait été frappé, ainsi que M. Poinsot, député des Cent-Jours, et deux ou trois autres de ses compatriotes, d'une contribution de guerre par laquelle l'ennemi lui faisait expier personnellement la formation de la compagnie des gardes forestiers. Au milieu du tumulte de l'occupation, la disparition de son fils et les actes d'hostilité qu'il avait pu commettre contre les alliés étaient passés inaperçus. Mais une circonstance imprévue pouvait le trahir, et ici une expiation pécuniaire n'eût peut-être pas suffi. M. de Montrol écrivit au maréchal Beurnonville; et, en lui révélant la conduite de son fils, il lui demanda aide et protection. Le maréchal lui conseilla de l'incorporer dans un des

régiments qu'on allait former par département, lui promettant pour lui le grade
d'officier au bout de trois mois, s'il était
sage et se montrait dévoué au nouveau
régime que les circonstances avaient im-
posé. Il paraît que M. de Montrol fut peu
sage et peu dévoué, car, engagé comme
sous-officier, trois ans après il était devenu simple soldat. Il quitta enfin le ser-
vice, ayant passé ces trois belles années de
sa vie dans l'oisiveté des garnisons, fai-
sant des vers et des drames pour se désen-
nuyer, et se battant en duel à tout propos ;
puis il vint à Paris pour étudier le droit.

Le nouvel étudiant fut accueilli par le
maréchal Beurnonville, le général de Con-
chy, M. Roger, de l'Académie française,
et autres amis de son père dont les opi-

nions contrastaient singulièrement avec les siennes. Cependant, parmi eux il ne déguisait point sa pensée, et la franchise ou la témérité de son expression y paraissait assez piquante pour être pardonnée.

Pendant qu'il était en garnison à Grenoble, M. de Montrol avait adressé une lettre à *la Minerve* sur la conduite du général Donadieu et sur l'esprit de la population du Dauphiné. Des bancs de l'école de droit il envoya aux *Lettres normandes* plusieurs articles, dans lesquels il attaquait particulièrement l'institution des gardes du corps et l'invasion des émigrés dans les états-majors. Un émigré lui chercha querelle; un duel s'ensuivit. Les gardes du corps, presqu'en masse, vinrent quelque temps après lui demander raison

des attaques dont personnellement ils n'é-
taient point l'objet, mais dont Martain-
ville leur avait persuadé qu'ils devaient
exiger une rétractation. C'était à une époque où les opinions étaient passionnées, et
on ne connaissait pas de transactions.
Beaupoil-Saint-Aulaire était tué d'un coup
de sabre; Saint-Marcellin, d'une balle de
pistolet; David, de *l'Indépendant*, tombait
frappé d'un coup d'épée. M. de Montrol
ne voulut rien rétracter; il se rendit sur
le terrain, et reçut au bras un coup d'épée
qui le mit hors de combat. C'était la
sixième fois qu'il était blessé en duel, et sa
conduite, dans cette circonstance, fut
telle que M. de Lapalu, un de ses adversaires, se battit plus tard à la suite d'une
discussion entamée pour sa défense.

Quelques jours après ce duel, le jeune écrivain eut une affaire beaucoup plus sérieuse, car elle aurait pu être regardée comme un attentat à la majesté royale et punie comme crime d'État. Il avait loué une campagne à Vitry-sur-Seine, près de Choisy. Louis XVIII dirigeait souvent sa promenade sur cette route. Un jour que Rouget de l'Isle, qui s'était pris d'une grande affection pour M. de Montrol, était chez lui et qu'ils chantonnaient ensemble la *Marseillaise*, ils n'entendirent point le bruit de l'escorte royale arrêtée à la porte pour relayer ; M. de Montrol regarde qui passe et, sans interrompre le refrain commencé, il achève :

Aux armes ! citoyens, formez vos bataillons!
Marchons, qu'un sang impur abreuve nos sillons.

Louis XVIII jette sur cette fenêtre qui s'entr'ouvrait un regard d'étonnement, toute l'escorte tressaille. L'officier qui se tient à la portière monte vers le chanteur, suivi de plusieurs cavaliers de l'escorte parmi lesquels se trouve un des amis de de M. Lapalu. Celui-ci vient plutôt pour faire trouver une explication que pour susciter une querelle; il demande si ce n'est pas un air fredonné sans mauvaise intention. Mais l'officier général a pris la parole et veut savoir si c'est une insulte, une provocation que cette *Marseillaise* ainsi chantée à la face du roi. — Ni l'une ni l'autre, répond M. de Montrol avec un imperturbable sang-froid, vous m'apprenez que c'est le roi qui passait, j'avais cru que c'était le duc d'Orléans.

On rapporta la réponse à Louis XVIII qui se mit à rire et dit : « Alors c'était une réminiscence que lui causait la vue de mon cousin. » Puis il passa, et le soir, à la cour, chacun commenta le mot de l'étudiant et du roi. En effet, le duc d'Orléans venait quelquefois près de Vitry pour voir sa mère ; mais ce n'était que douze ans plus tard qu'on eût pu chanter impunément devant lui la *Marseillaise* et lui remémorer qu'autrefois il l'avait chantée (1).

A la suite de l'affaire des *Lettres norman-des*, Manuel, Benjamin Constant et le général Lafayette présentèrent M. de Montrol à la société de la liberté de la presse, qui se

(1) Germain Sarrut, *Biographie des hommes du jour*.

réunissait alors tour à tour chez M. de Broglie, chez Lanjuinais et Gévaudan, et qui fut dénoncée depuis comme le comité directeur insurrectionnel par M. de Courvoisier. De là datent les liaisons politiques du jeune écrivain et la direction qu'il donna à ses travaux. Le *Diable boiteux*, qu'il rédigeait, se distingua, comme les *Lettres normandes* et le *Miroir*, par cette sanglante guerre d'épigrammes que le *Figaro* continua contre la Restauration. Montrol, Etienne Arago, Michel Brücker sont les premiers rédacteurs du *Figaro*. En même temps, il écrivait l'*Histoire de la Champagne*, celui de ses ouvrages qu'il a travaillé avec le plus de soin. L'*Histoire de l'émigration*, pamphlet politique dont le style se ressent de la précipitation avec laquelle il a été en quelque sorte improvisé, eut cependant trois éditions, et fut traduit en anglais et en allemand.

M. de Montrol appartenait à cette école politique qui, sans s'inquiéter des formes, adopte les principes les plus libéraux. Les tendances de la Restauration lui semblaient trop hostiles à ceux qu'il professait pour hésiter à les combattre de toutes les façons. En voyant qu'elles dégénéraient en attentats contre les libertés publiques, il ne put rester impassible au milieu des fusillades de juillet. Il prit part au mouvement qui renversa le trône des Bourbons. La commission des récompenses nationales lui décerna la décoration spéciale, pendant que le gouvernement lui confiait la sous-préfecture de Langres.

L'indépendance de son caractère s'ac-
commodait mal des intrigues de cabinet
auxquelles un fonctionnaire administratif
doit prêter une main docile et sacrifier
quelquefois ses sympathies et ses opinions. Le préfet de la Haute-Marne était
alors M. Fargues, réintégré dans ce même
poste qu'il occupait en 1815 lors de l'invasion. A cette époque funeste, M. Fargues avait tenu tête aux exigences et aux
insolences des généraux ennemis. Vaine-
ment on l'avait arraché de son hôtel et
menacé de mort : menaces et mauvais trai-
tements avaient rendu son attitude plus
énergique et plus fière. Aucun nom n'é-
tait plus populaire que le sien.

Sa destitution en mars 1831 fut considérée comme une mesure réactionnaire.

et comme une injure au pays. M. de Montrol l'apprécia ainsi ; avec plusieurs fonctionnaires du département, il donna sa démission et revint à ses études favorites. Dès cette époque il s'occupa de réunir les matériaux nécessaires à une histoire de la Restauration et de la Révolution de Juillet.

Cependant quelques-uns des électeurs de l'arrondissement de Bourbonne l'avaient engagé à se mettre sur les rangs pour la députation. Ils savaient qu'il eût soutenu les doctrines de l'opposition. Dans un écrit qu'il publia (1), il avait marqué avec précision le but et le terme de cette opposition. On n'en pouvait montrer une

____

(1) *De l'opposition parlementaire*, 1834 ; par M. F. de Montrol.

plus modérée. Grâce à la réaction qui suit toujours un grand mouvement populaire, on était parvenu à faire de cette opposition un épouvantail pour le pays. M. de Montrol ne pouvait réussir qu'en transigeant avec des principes arrêtés; il s'y refusa.

Eloigné de la tribune parlementaire, il voulut s'en créer une où chacun pût librement exposer ses doctrines et émettre ses opinions. La *Nouvelle Minerve*, dont il avait tracé le plan, eut avec lui pour fondateurs les députés et les écrivains les plus illustres. Là, Charles Nodier, Lemercier, Arago causaient de littérature ou de science ; là, M. de Cormenin écrivait ses premières études sur les orateurs; M. Odilon Barrot et M. Mauguin y développaient leurs idées

2.

en matière de gouvernement. M. de Montrol était chargé de la politique étrangère; mais, après l'attentat de Fieschi, la direction donnée à la politique intérieure par M. Sarrans décida le jeune rédacteur à se retirer. Par des raisons diverses, tous ses amis crurent devoir imiter son exemple. Quelques-uns d'entre eux l'aidèrent alors à fonder la *Renommée*, journal qui amena une révolution dans la presse, enfanta le *Siècle* et la *Presse*, publiés plus tard, sur le plan et d'après les idées de M. de Montrol, par MM. Dutacq et de Girardin.

La *Renommée* n'était point une entreprise industrielle. M. de Montrol avait cru faire une œuvre libérale et politique. Il songeait à abaisser progressivement le prix d'abonnement, à étendre le for-

mat, à moraliser la rédaction du journal, de manière à faire descendre
l'instruction dans toutes les classes de la
société. Le produit des annonces devait
suffire à tout. Dans ce journal on eût
trouvé une rédaction et une composition
toute faite pour la publication de volumes
destinés à des bibliothèques communales ;
on les eût répandus au prix le moins élevé.
Mais six semaines après l'apparition de la
Renommée survinrent les feuilles exploi-
tées au moyen d'actions de 250 francs et
réunissant d'immenses capitaux. M. de
Montrol ne pouvait pas lutter contre de
pareilles entreprises ni conserver la res-
ponsabilité d'un succès devenu trop incer-
tain auprès de ceux qui s'étaient associés
à la création de la *Renommée* ; il leur en

remit la direction pour prendre un peu plus tard celle du *Temps*. C'était après la coalition et la chute du ministère Molé. Les diverses nuances de l'opposition s'é-taient longtemps mêlées. La formation du ministère du 12 mai allait les séparer de nouveau. M. de Montrol, lié avec quelques-uns des ministres de ce cabinet, et qui pouvait mieux apprécier qu'un autre la situation de ce ministère attaqué à la fois par la cour et par l'opposition, prit parti contre la cour et contre l'opposition. Mais le projet de dotation du duc de Nemours trouva en lui un adversaire décidé.

Ce fut plus tard chez M. de Montrol que se réunirent les rédacteurs en chef des journaux pour protester contre la condamnation de Dupoty, et qu'ils signèrent la déclaration contre l'arrêt de la Chambre des pairs.

M. de Montrol, tout engagé qu'il fût dans les combats journaliers de la presse, se livrait en même temps aux travaux historiques. En 1826 il publia *les Mystères de la vie humaine*. M. de Montlosier en avait confié la révision et l'impression à son amitié. Il a fait précéder cet ouvrage d'une notice sur l'auteur, qui voulut que son livre fût terminé par un épisode philosophique extrait d'un roman de son collaborateur. M. de Montrol a publié également les Mémoires de Brissot-Warville, dont les manuscrits lui avaient été cédés par le fils de ce célèbre Girondin. Il les a accompagnés de notes et éclaircissements historiques. Jérémie Bentham se plut à reconnaître combien le jeune historien y avait déployé de sagacité et y avait fait preuve d'une merveilleuse aptitude à juger les hommes et les choses de la Révolution.

Brissot n'avait pas été seulement l'un des apôtres de la liberté en France, il était aussi l'un des premiers missionnaires qui prêchèrent l'abolition de l'esclavage dans nos colonies et dans le monde entier. Inspiré sans doute par ces exemples, M. de Montrol fut, avec MM. de Lamartine, H. Passy, Montalembert, de Broglie, Barrot, de Tocqueville, etc., le fondateur de la Société française pour l'abolition de l'esclavage. Chargé de la rédaction des statuts, il a en outre écrit pour elle divers rapports et un projet d'émancipation dans lesquels il cherchait à mettre d'accord les droits imprescriptibles de l'humanité avec les droits acquis des colons. *Des esclaves et de l'influence de leur émancipation sur les colonies françaises*, tel est le titre de la première publication faite par la Société d'abolition et considérée par plusieurs des journaux comme un remarquable écrit : M. de Montrol en était l'auteur (1).

Parmi divers travaux littéraires, mentionnons encore les notices biographiques de Clarkson et de Wilberforce, insérées dans l'Encyclopédie de MM. Treuttel et Wurtz, et des articles qui figurent dans

(1) Plus tard, en 1848, M. de Montrol vit triompher les doctrines pour lesquelles il avait si longtemps lutté ; il fit partie, avec M. Schœlcher, de la commission de l'émancipation des esclaves, et poursuivit avec ardeur cette œuvre de liberté et d'humanité.

les mémoires de la Société royale des anti-
quaires de France dont M. de Montrol
était alors le secrétaire général.

Lady Morgan, dans ses deux derniers
volumes sur la France, parle d'un Essai
sur la vie et les poésies de Clément Marot
qu'elle a traduit sur le manuscrit de M. de
Montrol. Cet Essai est ainsi publié en
anglais sans l'avoir été en français.

L'Histoire de Charles X et de la Révolution de 1830, qui termine l'ouvrage de
Dulaure sur la Restauration, a pour auteur M. de Montrol.

Les acteurs de cette Révolution lui
étaient connus, il vivait dans leur familia-
rité, connaissait les ressorts secrets qui les
avaient fait agir, les événements s'étaient
passés sous ses yeux; mais, malgré la part

qu'il y avait prise, il les raconta avec l'im-
partialité qui le distinguait, et sans laquelle il n'y a pas d'histoire.

Membre du comité central de la Société
royale de géographie, M. de Montrol, dans
un moment de lassitude politique, avait
fondé une Revue des voyages et de la
marine : c'est dans cette revue qu'il a pris
contre Arago la défense du capitaine
Dumont d'Urville. Par reconnaissance, l'il-
lustre amiral a donné son nom à l'une
des îles qu'il a découvertes au pôle sud en
1836.

En 1843, M. de Montrol s'était retiré
dans la Haute-Marne et avait acheté une
propriété qui le rapprochait de son beau-
père, M. Toupot de Béveaux, ancien député
de ce département. Après la mort de ce

dernier, le parti libéral, auquel ce nom était si cher, reporta sur son gendre ses sympathies et mit en avant sa candidature à la députation et au conseil général. M. de Montrol fut partout repoussé comme entaché de radicalisme. Les candidats officiels (il y en avait déjà, y en aura-t-il toujours?) l'emportèrent de quelques voix seulement.

Ecarté de la représentation, il chercha à mettre ses idées en pratique dans la modeste sphère d'action que le gouvernement laisse aux particuliers : il voulut doter le département d'institutions libérales.

L'autorité s'émut d'une tentative qui n'émanait pas d'elle et ne portait pas l'estampille administrative. Aussi le projet très-innocent de la création d'une salle

d'asile et d'une école d'adultes fut-il ré-
puté machination politique et manœuvre
électorale. On le combattit d'abord, mais
comme la résistance était difficile, on l'a-
journa ; on intimida ou on essaya d'inti-
mider les citoyens généreux qui avaient
prêté leur concours à ces œuvres. M. de
Montrol les poursuivit avec fermeté :
les écrits légers et mordants où il rend
compte des obstacles qu'il trouva, des diffi-
cultés qui lui furent suscitées, des répul-
sions, des défiances, des hésitations de
l'autorité, seront un jour une page curieuse
de l'histoire de la Haute-Marne (1).

Pendant que M. de Montrol se permet-
tait de stimuler la routine administrative

(1. La Haute-Marne; Electorales, Administratives, 1846-1847

d'une préfecture, l'opposition relançait la routine politique du gouvernement et demandait la réforme électorale. L'obstination du pouvoir le conduisit à sa perte et nous amena la République.

Rien n'était moins préparé que le département de la Haute-Marne à cette forme de gouvernement. M. de Montrol accepta les fonctions de commissaire, et nous croyons pouvoir dire que ses adversaires n'en furent pas moins heureux que ses amis. On était sûr de sa modération, et il ne cessa d'en donner des preuves. Il venait, disait-il, organiser et non désorganiser, républicaniser et non révolutionner, enfin faire aimer et non redouter la République.

Ce programme fut scrupuleusement ob-

servé. Au dedans, tous les efforts du commissaire tendirent à rendre non-seulement
inoffensive, mais bienfaisante cette république inattendue. Il fonda des institutions
populaires, créa des bibliothèques communales et un musée. Au dehors il conserva
son influence aux intérêts du département.
Les travaux de chemin du fer de Saint-
Dizier furent décrétés et commencés, on
institua une Chambre de commerce dans
cette ville. Chaumont étouffait sous le
cercle de fer des servitudes militaires,
M. de Montrol lui fit rendre l'air et la liberté.

Cependant, le mois d'avril approchait,
les populations étaient appelées à exercer
pour la première fois leurs droits électo-
raux. Leur vote fut précédé dans la Haute-

Marne par celui d'une assemblée prépara-
toire où des délégués choisirent des
candidats et formèrent une liste qui fut
presque entièrement adoptée par le suf-
frage universel. En tête figurait le commissaire du gouvernement. La population
ratifia ce choix, et plus de cinquante-
deux mille suffrages envoyèrent au premier rang M. de Montrol à l'Assemblée.
Les journaux du temps rapportent qu'à
la séance d'installation, Lacordaire, le représentant dominicain, fit son entrée au
bras de M. de Montrol. Leur amitié datait
de loin ; ils avaient été condisciples au
lycée de Dijon ; leur âme ardente et géné-
reuse, leur esprit poétique, avaient rêvé
une république grande, noble, pacifique,
dont ils croyaient inaugurer l'ère glo-

rieuse. Leurs espérances furent plus tard tristement déçues, mais l'amour de la liberté survécut chez eux, jusqu'à leur dernier jour, aux mécomptes les plus douloureux.

A l'Assemblée nationale, M. de Montrol proposa l'institution d'une presse gouvernementale et populaire destinée à éclairer tous les citoyens sur les devoirs et les droits qu'ils étaient appelés à exercer sous le régime républicain. Cette proposition, admise par le Comité de l'intérieur, ne fut pas adoptée par l'Assemblée. Elle ne fut cependant pas oubliée, et plus tard M. Valewski s'adressait à son auteur, quand il s'agit de *démocratiser* la presse officielle.

Au 15 mai, M. de Montrol fut un des

représentants qui, avec M. de Lamartine, M. de Mornay et quelques autres, luttèrent les premiers contre l'envahissement de l'Assemblée. Il disputa ensuite la tribune à Raspail qui, n'étant pas représentant, s'en était emparé. Il fut l'un des quatre signataires de l'Assemblée nationale à la France, après cette journée néfaste.

On le vit plus tard, pendant l'insurrection de juin, encourager par sa présence les combattants et en partager les dangers. A la barricade du clos Saint-Lazare, le capitaine Pingray fut blessé à ses côtés ; à celle de l'Hôtel-de-Ville, où il se trouvait avec M. Crémieux, ils sauvèrent une bande de prisonniers qu'on allait fusiller sur les cadavres de cinquante insurgés pris les armes à la main et qu'on n'avait pu soustraire à la fureur des gardes nationaux exaspérés.

Mais après ces tristes événements, M. de Montrol demanda qu'il fût dérogé aux décrets rigoureux du 27 juin, et que le gouvernement pût transférer en Algérie les insurgés condamnés à la déportation. Le gouvernement lui-même se rallia à ce projet, et une commission dont M. de Montrol faisait partie fut chargée de préparer les dispositions du décret.

Il signa aussi le manifeste de la République modérée à la fin de la session de la Constituante, c'est dire assez à quelle fraction de l'Assemblée il appartenait. Il ne recula jamais devant les votes qui devaient à la fois affermir les libertés publiques et l'ordre social ébranlé. Ami de Lacordaire, de Lamartine, il avait comme eux l'esprit tourné vers l'idéal ; il se prononça pour un président élu par la nation, tant il avait de respect pour sa souveraineté.

Mais lors de la discussion de la constitution dans les bureaux de l'Assemblée nationale, M. de Montrol avait le premier demandé qu'aucun membre des anciennes familles qui avaient régné sur la France ne pût être élu président de la République. Il voulait à la fois faire abroger les lois de bannissement et rendre impuissantes les tentatives des prétendants. Cette proposition, combattue par M. de Tocqueville, fut écartée par le bureau.

Logique avec lui-même, M. de Montrol, en remettant l'élection du président au peuple, voulait, avec **M.** de Puységur, que le peuple sanctionnât la Constitution. Quarante-deux représentants soutinrent par leur vote cette proposition de la sanction populaire. Un journal du temps disait qu'il fallait graver leurs noms en lettres d'or dans l'histoire de France.

Les partis s'inquiètent peu de la logique, ils n'admettent pas qu'on s'écarte d'eux, ils ne réclament qu'une obéissance passive; elle ne pouvait pas plus convenir au représentant qu'elle n'avait convenu au fonctionnaire. M. de Montrol n'approuva donc que les dispositions qui lui parurent vraiment et sagement démocratiques. Déjà, pour les élections suivantes, on se comptait et, sous la dénomination de blancs ou de rouges, on s'apprêtait à la bataille élec-

torale, les uns affolés de terreur, les autres prêchant les doctrines confuses du
socialisme. M. de Montrol ne pouvait
figurer ni dans l'une ni dans l'autre des
listes dressées par les réactionnaires ou
les démocrates exaltés. Il rendit compte
à ses concitoyens du mandat qu'ils lui
avaient confié, mais ne fit aucune démarche
pour se faire réélire, ne se mêla en aucune
façon à la lutte. Il fut oublié et ne s'en
plaignit point. Son nom ne répondait
plus aux passions qui agitaient alors le
pays, et il n'eût su les représenter.

M. de Montrol abandonna la vie politique où son talent d'écrivain, son expé-
rience de journaliste, ses relations nom-
breuses lui réservaient facilement un rôle.
Paris, qu'il avait toujours habité, lui ins-

pirait un indicible serrement de cœur ;
il l'avait vu aux prises avec l'insurrection,
il le voyait maintenant aux mains de la
réaction. Aux violences du socialisme
succédaient les ambitions du césarisme.
Parmi les triomphateurs nouveaux, il
comptait d'anciens amis : des offres bien-
veillantes lui furent faites. Mais si la cons-
tance politique résiste rarement à de
pareilles avances, certains caractères éle-
vés se plaisent dans la solitude des causes
perdues ; l'ancien représentant de la République voulut lui rester fidèle, il vécut
désormais à l'ombre de ses arbres, au
milieu de ses livres, entouré par un petit
nombre d'amis dévoués, dédaigneux
comme lui des fortunes nouvelles. Les
années qui se succédaient n'avaient rien

enlevé à sa vigueur physique, à la viva-
cité de son esprit, quand un mal cruel et
rapide vint le ravir à l'amour des siens.
Sa mort excita un regret universel, et ses
anciens adversaires se réunirent à ses amis
pour reconnaître les services par lui ren-
dus au pays qui l'avait vu naître et auquel il s'était dévoué.

Imprimé par Ch. Noblet, rue Soufflot, 18.

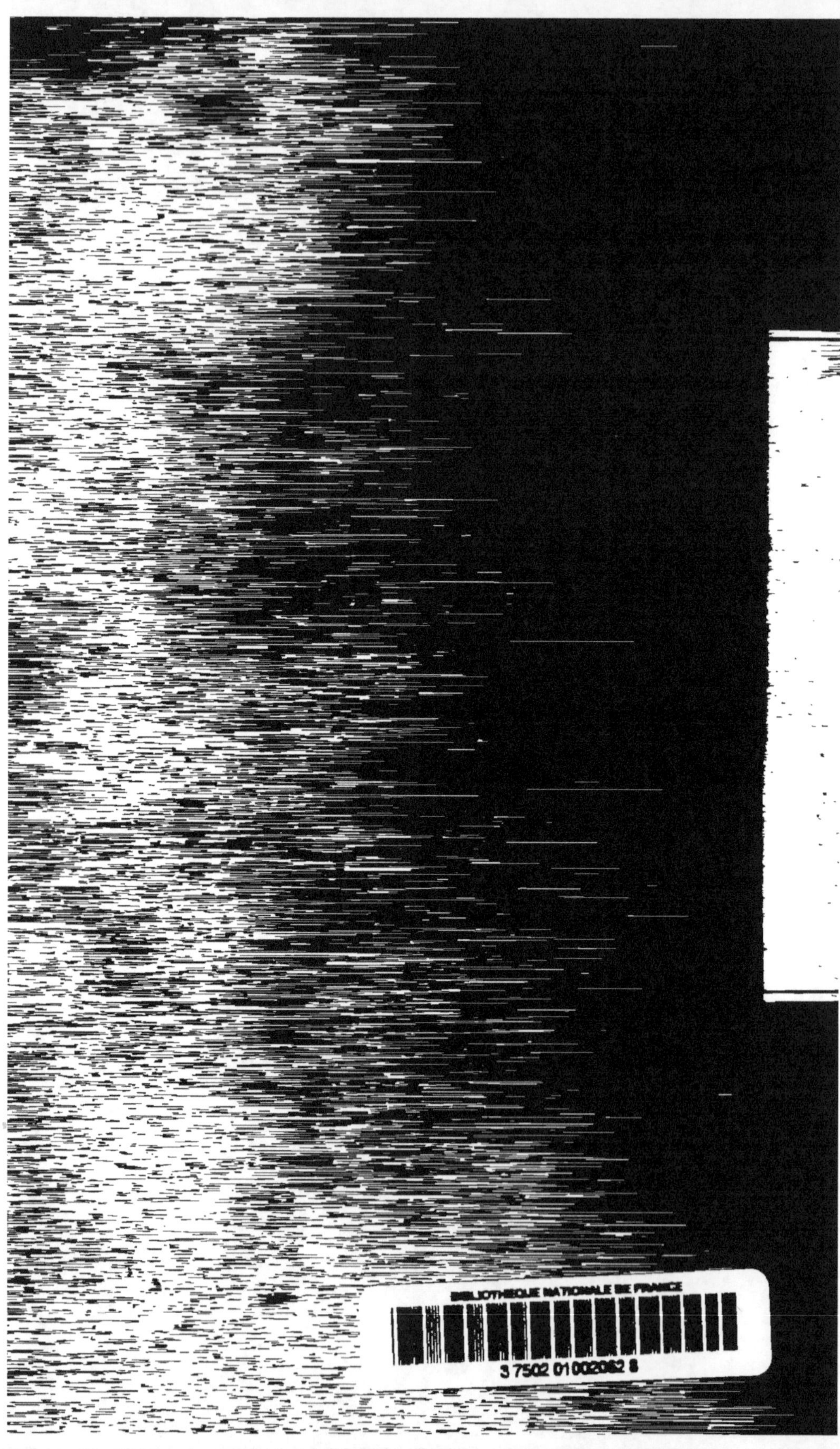